Gaqo Naumi

Gjuha Shqipe, Gjuha Mëmë e Gjuhëve Indoevropiane

Gaqo Naumi

Published by Oljana Bandilli, 2024.

GJUHA SHQIPE, GJUHA MËMË E GJUHËVE INDOEVROPIANE

First edition. January 2, 2024.

Copyright © 2024 Gaqo Naumi.

ISBN: 979-8223988205

Written by Gaqo Naumi.

Gjuha Shqipe, Gjuha Mëmë e Gjuheve Indoevropiane

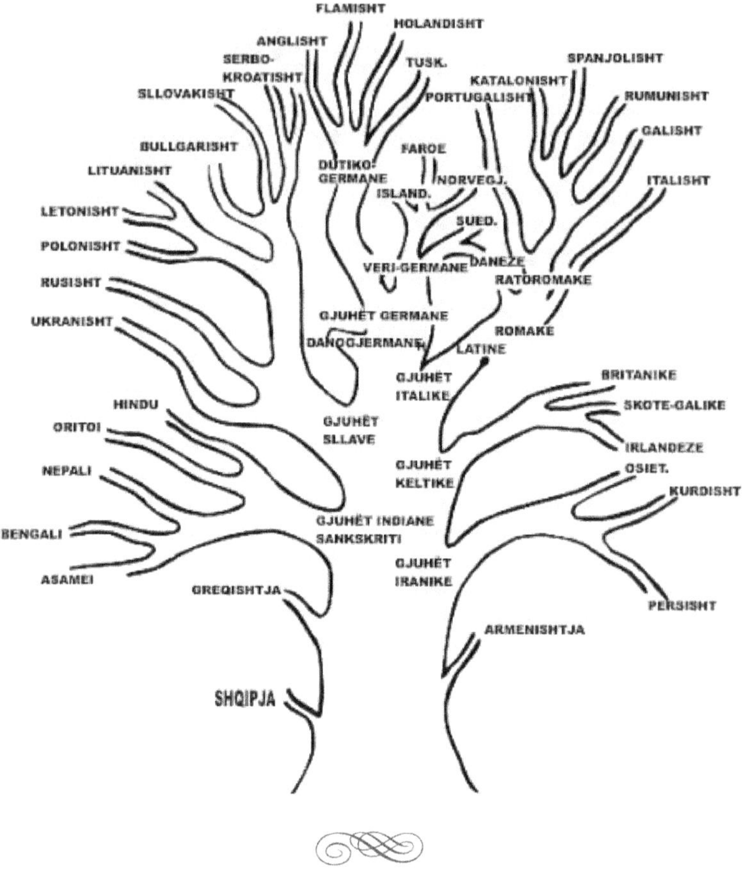

TITULLI: GJUHA SHQIPE, Gjuha Mëmë e Gjuhëve Indoevropiane

Përjashtimi: Librat e përdorur si burime për këtë libër janë:

- Spiro Konda: Pellazgët dhe Shqiptarët
- Zahari Mejani: Etruskët Filluan të Flasin
- Edëin Jacques: Shqiptarët që nga Lashtësia Deri në Vitet 1912
- Nertan Ceka: Qyteti Ilir

GJUHA SHQIPE, GJUHA MËMË E GJUHËVE INDOEVROPIANE

- Robert D'Angelis: Enigma
- Preloc Margilaj: Shqiptarët flasin IIlirisht, Ilirët flasin Shqip
- Fan Noli: Veprat
- Gilorimo De Rada: Literaturë e tij
- Homeri: Iliada

GAQO NAUMI

Hapni faqet e *Gjuha Shqipe, Gjuha Mëmë e Gjuheve Indoevropiane* dhe përjetoni një shpërthim intelektual nga pena e shquar e Gaqo Naumit. Ky inxhinier i shquar ka krijuar një vepër unike ku përdor historinë dhe lidhjet e hollësishme për t'i shpjeguar lexuesit se si fjalët e gjuhëve të tjera rrënjiten në thesin e gjuhës shqipe. Me një analizë të thelluar dhe një qasje kritike, Naumi demonstron lidhjet e ndërlikuara midis secilit pjesë të një fjalie dhe gjuhës shqipe. Duke dëshmuar se si kuptimi the konteksti i fjalëve në gjuhë të tjera rrënjiten në shqip, ai hedh dritë mbi thellësinë dhe ndikimin e gjuhës shqipe në historinë e gjuhëve indoevropiane. Ky libër shpalos shkëlqimin e një mendjeje të zgjuar dhe studimin e një gjuhe që është rrënja e shumë fjalëve në gjuhët tjera të botës. Përgatitu për një eksplorim të thelluar të gjuhësisë dhe historisë gjuhësore nën drejtimin e një autoriteti të shquar si Gaqo Naumi, inxhinieri i njohur që përdor shkathtësinë e tij kritike për të sjellë ndriçimin më të thellë mbi lidhjet e pashpjegueshme mes fjalëve dhe gjuhës shqipe.

Përmbajtja

HYRJE

G juha shqipe gjuha mëmë

Nga shumë studiues të huaj dhe, së fundmi, edhe vendas deri në fund të shekullit të kaluar (XX), rezultoi se gjuhët indoevropiane përfshihen në të njëjtin trung, në gjuhën shkencore të quajtur Japetike, e cila kishte si bazë gjuhën e pashkruar Sanskrite, duke parashikuar se origjina e saj ishte në Indi, dhe kështu u quajtën gjuhë Indoevropiane.

Në dhjetëvjeçarët e fundit të shekullit XX, nga studiues të huaj rezultoi se gjuha bazë, gjuha mëmë, është gjuha shqipe.

Në bazë të kësaj gjuhe del se shumë emra të ndryshëm në Evropë, Azinë, dhe Afrikë shpjegohen përmes gjuhës sonë, prandaj na takon krenaria dhe besnikëria ndaj kësaj gjuhe.

Skica e paraqitur më poshtë tregon: një pemë gjenealogjike të gjuhëve indoevropiane, ku nga ky trung, gjuha shqipe është e para, ndjekur nga gjuhët e tjera, dhe prandaj u quajt gjuha mëmë.

Por tashmë dihet dhe është provuar se gjuha Hititë është zbërthyer me anën e gjuhës shqipe, nëpërmjet terakotave të gjetura, ashtu si edhe ato etruske të dokumentuara më parë.

Shtojmë se gjuha Hititë ka një histori prej gati 8000 vjetësh. Kjo popullsi krijoi perandorinë e saj në tokat e Azisë së Vogël, me kryeqytet pranë Ankarasë, kryeqyteti i sotëm i Turqisë.

GJUHA SHQIPE, GJUHA MËMË E GJUHËVE INDOEVROPIANE

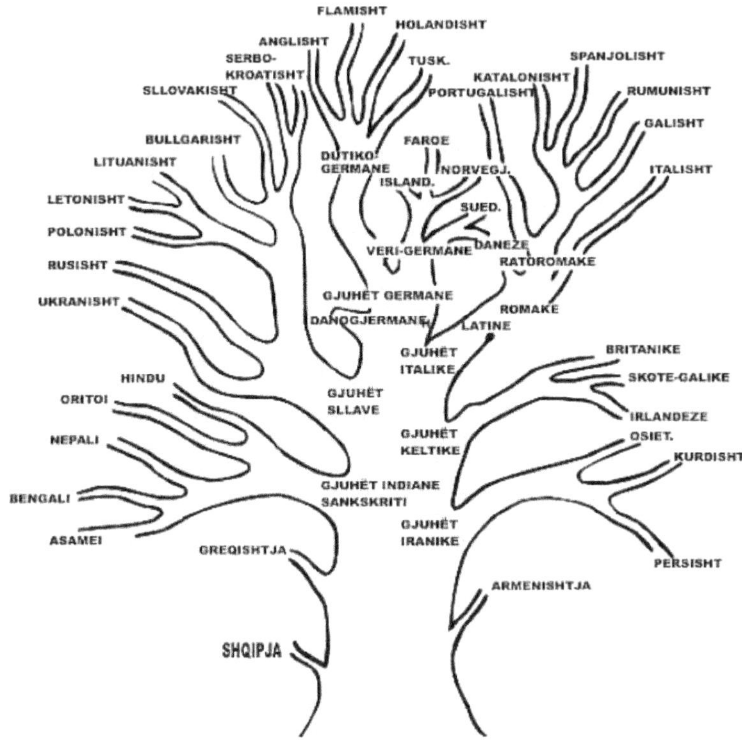

FIGURA 1 *Paraqet pemën gjenealogjike për gjuhën indoevropiane*

1. Tri fjalët magjike

Që në kohët më të lashta, parahistorike, njerëzit përpjekeshin të ballafaqoheshin me jetën.

Që nga lashtësia, kur raca e bardhë kishte një gjuhë të përbashkët, gjuhën mëmë indoevropiane, gjuhën shqipe, shprehte gëzimet dhe hidhërimet e saj në jetën e përditshme.

Kështu, njerëzit e lashtë, me filozofinë e tyre, kur një i afërm ndërronte jetë, shpreheshin: Aleluja amen.

Kjo shprehje e një gjuhe të përbashkët ende sot mbetet e përbashkët me të gjitha gjuhët indo-evropiane të shprehura nëpërmjet Biblës, që nga lashtësia kur njerëzit ishin akoma paganë, si një trashëgimi e filozofisë njerëzore.

Po çfarë shprehin dhe ç'kuptim kanë këto tre fjalë që shprehen në mënyrë të vazhdueshme në Bibël, në kishë dhe nga njerëzit tanë?

Tani le të bëjmë shpjegimin tonë për këto tri fjalë magjike, të cilat shprehin ngushëllimin e të afërmeve ndaj një njeriu që ka ndërruar jetë: aleluja amen.

Fjala "ale" përbëhet nga dy fjalë: nga fjala "a," që do të thotë "asht" ose "ka," dhe fjala "le," që është fjala "e," domethënë "lindën." Pra kemi fjalët "ka le."

Fjala e dytë, nga formula e mësipërme "luja," do të thotë "lutju."

GJUHA SHQIPE, GJUHA MËMË E GJUHËVE
INDOEVROPIANE

Fjala e tretë, "amen," përbëhet nga dy fjalë: nga "a" dhe "men," ku "a" ka po atë kuptim si më sipër, që do të thotë "asht," dhe "men" do të thotë "me ne."

Nga kjo shpjegim, kuptimi i fjalëve magjike "aleluja amen" del shumë qartë dhe i pastër me shpjegimin e gjuhës mëmë, gjuhës shqipe që në lashtësi ka qënë gjuha e vetme, gjuha e përbashkët e racës njerëzore të bardhë që përfshihet në trungun indoevropian. Ky kuptim filozofik tregon se njeriu, me mbarimin e jetës së tij, me vdekjen e tij, quhet se ka lindur mbasi ka shpëtuar nga vështirësitë e jetës. Prandaj, edhe duhet të lutemi, dhe njëkohësisht thuhet se ai është me ne, domethënë se ai qëndron në zemrat dhe në mendimin tonë.

Këto fjalë magjike, aq filozofike e domethënëse sa janë, janë gjithashtu një dëshmi e gjallë dhe e pakundërshtueshme e gjuhës sonë.

2. Tre emrat e kontinenteve të vjetër: Azia - Afrika – Evropa

Raca e bardhë, e cila ka jetuar kryesisht në kontinentin e Evropës, ku mendohet se është vendlindja e tij, ka bërë përpjekje për jetesë më të mirë, por edhe për të parë dhe eksploruar vende dhe popuj të tjerë.

Në lëvizjet e këtij populli drejt Jugut, ata arritën në skajet jugore të Evropës dhe duke kaluar Dardanelet ata dolën në Azinë e Vogël. Më vonë, duke zbritur drejt Jugut edhe më poshtë në drejtim të lindjes, ata zbuluan kontinentin fqinjë, atë Aziatik.

Sipas autorit të librit "Enigma", D'Angeli, ky kontinent nuk është shkelur për herë të parë nga Aleksandri i Madh në shekullin e katërt para Krishtit, por edhe më parë. Duke ditur tashmë se Hititet kanë jetuar gjashtëmijë vjet para Krishtit, populli i racës së bardhë e ka shkelur ose pushtuar Azinë më tepër se Aleksandri i Madh. Kjo del jo vetëm nga trungu i përbashkët i gjuhës indoevropiane, që në kontinentin Aziatik shtrihet nga Kaukazi deri në Indi, por edhe nga emrat e kësaj zone që shpjegohen me gjuhën mëmë.

Një tjetër arsye është se në këto vende dallohet raca e bardhë njerëzore.

Duke rënë në këto kontakte të vazhdueshme, njeriut të racës së bardhë i bëri përshtypje dendësia e popullatës të këtij kontinenti, prapambetja e tyre dhe mënyra e jetesës së varfër, ashtu siç paraqitet edhe pas tremijë vjetësh, në krahasim me Evropën. Nga kjo përshtypje e keqe e jetesës, njeriu i bardhë i vuri edhe emërtimin e tij kuptim-plotë: AZIA.

Në shpjegimin tonë, ky emër përbëhet nga dy fjalë: "a" që do të thotë "asht" dhe "zia" që do të thotë "zi", pra në kuptimin se në këtë kontinent "asht zi për të jetuar".

Në lëvizjet drejt Jugut, njerëzit e racës së bardhë nuk kaluan vetëm nëpërmjet Dardaneleve në Azi, por ata, që në atë kohë quheshin edhe njerëzit e detit, nëpërmjet detit Egje kaluan në Egjipt, në kontinentin Afrikan.

Në këtë kontinent, përshtypja e parë e njeriut të bardhë ishte ngjyra e njerëzve të këtij kontinenti, ngjyra e tyre e zezë, që në vështrimin e parë të ngjallte një farë frike.

Por këtu nuk qe vetëm kjo përshtypje e parë e ngjyrës, këtu dihet se ekzistojnë një shumëllojshmëri kafshë të egra, të frikshme, helmuese dhe agresive. Pra, të gjitha këto për njeriun e bardhë ngjallin ndjenjën e frikës, prandaj fjala Afrikë, e cila përbëhet nga dy fjalë që janë: "a" që do të thotë "asht" dhe "frika" që do të thotë "frikë". Pra, Afrikë shpjegohet në këtë interpretim të gjuhës shqipe që do të thotë: "është frikë".

Duke parë këta dy kontinente të tjerë, të cilët i ngjallën pakënaqësi për efekt të zisë që zotëronte në kontinentin e Azisë dhe frikës e shprehur në kontinentin e Afrikës, njeriu i racës së bardhë u kujtua se vendi i tij, kontinenti Evropian, ishte më i miri, më i përshtatshmi dhe më i bukuri. Prandaj, edhe u quajt Evropa, emër i cili edhe ky përbëhet nga dy fjalë: nga "euro" që do të thotë "uroje" ose "e uro" dhe nga fjala "pa" që do të thotë "me pa" ose me mirë "uroje me të parë". Pra, kjo ishte dhe kënaqësia e njeriut të bardhë për kontinentin e tij.

Shpjegimet e legjendave të ndryshme për Evropën mbetën vetëm legjenda e përralla për fëmijët në netët e dimrit. Shpjegimi i bërë në anën gjuhësore, jo vetëm që përputhet me gjuhën dhe kuptimin e saj, por edhe ky kuptim është shumë i goditur, jo vetëm për relievin dhe pozicionin që zë, për shumëllojshmërinë e klimave, për pasuritë natyrore, për gjiret e panumërta dhe për pamundësinë e krahasimit me dy kontinentet e para, ku zotëronte frika dhe zia; ai vendin e tij e quajti "Euro-pa".

3. Prejardhja vendore e racës së bardhë

Për origjinën vendore të njeriut të racës së bardhë ka pasur dhe ka disa variante.

Varianti më i hershëm është që njeriu i racës së bardhë ka ardhur nga thellësitë e Indisë Veriore, të cilët gradualisht, duke u drejtuar drejt perëndimit, qëndrimin e tyre të parë e bënë në Kaukaz dhe prej andej filluan dyndjet drejt Ballkanit dhe Evropës.

Një tjetër variant thotë se kultura e njeriut të racës së bardhë ka ardhur nga kontinenti i Atlantës së mbytur dhe këta njerëz me flokë të verdhë janë përzier me njerëzit e tjerë të Evropës me flokë gështenjë ose të zezë.

Deri sot nga shkenca njihen 12 raca njerëzore.

Dihet nga historia se njerëzit e racës së bardhë gjithmonë kanë zbritur nga verilindja, kështu p.sh perandoria Romake shkatërrimin e saj e pati nga fiset normane e gjermane, që fillimisht sulmuan kufijtë e saj në Veri në Danub dhe këto dyndje vazhduan edhe në Perandorinë Bizantine, por shkatërrimi i saj u realizua nga Otomanët lindorë, që nuk qenë të racës së bardhë, por të racës së verdhë.

Po të shohim edhe historinë e popujve më të hershëm që janë paraqitur në Evropë si Hititet, Etruskët dhe Ilirët, të gjithë të së njëjtës gjuhë dhe që njiheshin si popuj të detit të vet, drejtimi i tyre ka qenë nga veriu në jug. Kështu, p.sh, kur ata kaluan ngushticën e Dardaneleve dhe dolën në Azinë e Vogël, në Turqinë e sotme, këtë vend e quajtën Anadoll. Ky emër shpjegohet në bazë të gjuhës mëmë dhe që do të thotë "në anë dolla" dhe për më vonë u bë një fjalë e vetme "Anadoll".

Po ashtu, këta njerëz kaluan edhe nëpërmjet detit Egje dhe arritën deri në Egjipt, por Egje do të thotë se "e gjeti" dhe aq më tepër emri Egjipt që në etruikishte quhej Egjito (Egito), të trashëguar nga etruskët, në italisht, kujtohet fare qartë se do të thotë "e gjeta, e gjeta".

Kjo ka qenë dhe është edhe sot dëshira e njeriut për të gjetur një vend më të mirë, dhe Egjipti kishte këto favore, tokë e ngrohtë pjellore dhe ujin e bollshëm të lumit Nil, pra tha me plot gojën se "e gjeta atë që deshironte".

Pra këta njerëz, të zbritur nga Veriu drejt Jugut, tokën e parë që takuan ishte Ballkani, dhe duke zbritur më poshtë ata kaluan në Turqi dhe Egjipt, pra pjesët lindore të jugut, ndërsa pjesa perëndimore u shkel në një kohë të mëvonshme.

Tani, duke ditur se njeriu i racës së bardhë ka zbritur nga Veriu i Evropës, do mundohemi të shpjegojmë pikërisht vendndodhjen e tyre të parë, këtë, sigurisht, në bazë të emrave që shpjegohen me anë të gjuhës mëmë.

Emri i kryeqytetit rus, Moskë, shpjegohet me gjuhën mëmë që do të thotë: "Mëska", domethënë se atje qe kufiri i njeriut të racës së bardhë, se më tutje nuk kishte se ku të shkonte për shkak të klimës së keqe. Kurse vendin në lindje të Moskës ata e quajtën Siberi, që në shpjegimin e gjuhës mëmë do të thotë: "Si-beri" ose "si bëri ai njeri" në atë vend të ashpër, ashtu si është dhe sot Siberia.

GJUHA SHQIPE, GJUHA MËMË E GJUHËVE INDOEVROPIANE

Një tjetër dëshmi është edhe emri i qendrës së Moskës, Kremlin, që në shpjegimin me anë të gjuhës mëmë ajo përbëhet nga tre fjalë: Kre-m-lin, që do të thotë Kre-krye, m-me, lin-lind. Pra do të thotë "Mëlindkrye". Ishte vendi ku lindnin kryet e udhëheqësve, ashtu siç është edhe sot vendi i sundimtarëve.

Tani le të vijmë në thelbin e çështjes ven- dodhjen e njerëzve të racës së bardhë, të cilët ata e quajtën Rusia. Edhe ky emër përbëhet nga tre fjalë të cilat janë: Ru-si-a, ku fjala "Ru" do të thotë "ruaje" ndërsa parafjala "si" do të thotë "si" dhe "a"- ja përfaqëson vendin "si atë", pra kuptimi i emrit Rusia është "Ruje si atë" në formën mashkullore, ndërsa në formën e saj, të gjinisë femërore që është: Rusinë ka kuptimin "Ruaje-si-nënë".

4. Emra shtetesh Evropianë

Shumë emra shtetesh, emra të vjetër të Evropës, si dhe krahina të ndryshme kanë emra, kuptimi i të cilave shpjegohet nëpërmjet gjuhës mëmë. Ne do të mundohemi që të bëjmë shpjegimin tonë si p.sh:

Emri i vendit Gjermania përbëhet nga dy fjalë, "Gjer" dhe "mane," që do të thotë se vendi dhe populli që "banon atje" është "Gjer-më-ane." Por ky vend quhet edhe "Alemanja," e cila përbëhet nga tre fjalë: A-le-manja, ku fjala "A" është "asht," fjala "le" ka kuptimin "le," dhe fjala "manje" do të thotë "mënjan." Pra, kuptimi i saj është "Asht-le-mëanë." Gjithashtu, Gjermania thirret edhe Deutschland, e cila edhe kjo shpjegohet. "Deut" do të thotë "dheut" dhe "land" në "vend" ose "vendi i dheut tem," ku v-ja është zëvendësuar me I dhe është shtuar sh-ja.

Emri i Britanisë përbëhet nga dy fjalë: "Bri-tanë," që do të thotë "Bregumatanë" ose "Britani."

Emri Uellsi ose Vellsi ka kuptimin "si vëlla," ndërsa emri i Skocisë do të thotë "shko shih." Ndërsa emri i dytë i saj, Skotland, që do të thotë s'është kot vendi. S'kot s'është kot dhe land-vend.

Emri i Irlandës përbëhet nga fjala Ir dhe land, ku Ir do të thotë e irtë. Pra, kuptimi i saj është vend i irtë, i vrenjtur. Ndërsa emri i ishullit Island ka dy fjalë, Is dhe land, që do të thotë ish-vend.

GJUHA SHQIPE, GJUHA MËMË E GJUHËVE INDOEVROPIANE

Emri i gadishullit Iberik, ku ndodhet Spanja, ka kuptimin e bërë, i pjekur.

Emri Galici, që është emri i vjetër i Francës, ka kuptimin Si-ka-le, d.m.th. se ata ishin në një stad të ulët kur në Itali vajtën Etruskët, që vinin nga qëndra e qytetërimit, nga lindja e afërt.

Emri i Austri përbëhet nga dy fjalë: A=asht dhe ustri u shtri, që do të thotë se asht shtrirë.

Emri i Hollandës përbëhet nga dy fjalë. Nga fjala Hol që do të thotë e hollë dhe nga fjala vend që në gjuhën Gjermane u shndërrua në land. Realiteti është se Hollanda përbëhet nga ripa të hollë.

Emri i Danimarkës përbëhet nga fjalët Dan që është dhan, nyja i dhe fjala mar prapashtesa k, pra ajo kuptimin jap e marr.

Emri i Norvegjisë përbëhet nga tre fjalë Nor-ve-gji që do të thotë në-dor-ve-gjinë.

Emri i Svedisë përbëhet nga dy fjalë Sve-den që e para do të thotë s'vete dhe e dyta andej. Emri i dytë, Sverigë, që përbëhet nga fjalët Sve që është sve dhe rigë që është rrugë. Do të thotë që s'vete andej se s'ka rrugë, si një vend shumë i ftohtë për kohën e atëhershme.

Emri i Finlandës përbëhet nga fjalët Fin që do të thotë fund por që është e kthyer në italisht dhe land që tani e dimë se është vend, pra do të thotë vend i fundit.

Emri i Estonisë që ka dy fjalë Es që do të thotë është dhe toni që ka po atë kuptim toni. Pra kuptimi i saj është: është toni.

Emri i Maltës vjen nga emri mal ashtu dhe sikundër është.

Emri i Lituani përbëhet nga fjalët Li-tu-anë që shpjegohet fjala Li-Linda, tu-në këto dhe anë=anë, pra kuptimi i saj është Linda në këto anë.

Emri i Letonisë që përbëhet nga fjalët Lat-vija që do të thotë se qe lart vija. Pra ata vinin nga Estonia ose Lituania ose edhe nga origjina, nga Rusia.

Emri i Ukrainës përbëhet nga U-ja slave dhe emri krahinë që do të thotë në krahinë.

Tani le të shohim dhe të shpjegojmë kuptimin e disa krahinave dhe ujëdhesave që ndodhen në kontinentin Evropian.

Ishujt Azorë që ndodhen në Oqeanin Atlantik kanë qënë të zorshme për kohën e atëhershme që të vinin. Fjala Azore përbëhet nga A që do të thotë asht dhe nga fjala zor që do të thotë se është zor të vesh ose vështirë.

Emri i Sardenjës shpjegohet me fjalët se ardhe e denjë, që në mijëra vjeçarë ka bërë ndryshimet.

Emri i Korsikës shpjegohet me fjalët si ka kor.

Emri i Siciliës shpjegohet me fjalët Qe-si-në lindje. Pra kur ardhën Etruskët, që qenë shumë të zhvilluar dhe që quheshin etrit e truve, sicilianët i gjetën në gjëndjen e parë, d.m.th. ashtu që kurse qenë lindur.

Emri i Kretës përbëhet nga dy fjalë, nga fjala Kre- etë, e-ja është e dyfishtë por në kohë njëra është thjeshtuar. Shpjegimi i fjalës së parë, Kre, është krye dhe fjala e dytë që është etë, do të thotë etërir. Pra, ata kanë qënë etërit, qenë më të zhvilluarit e kohës, ashtu si e përmend historia.

Emri i dytë i Kretës, Kandie, e cila ka dy fjalë Kan-die, që do të thotë se ata kanë dije.

Emri i Kroacisë përbëhet nga fjalët Kro-atë, që ka kuptimin Kro me krye dhe atë me atë në përfundim të kuptimit krye atë.

Emri i krahinës spanjolle që quhet Andaluzi përbëhet nga fjalët A-asht, ndalu-e ndaluar, dhe zi që është zia. Pra atje ishte ndaluar zia ashtu siç paraqitet edhe sot, një vend gazmor.

GJUHA SHQIPE, GJUHA MËMË E GJUHËVE INDOEVROPIANE

Emri i Vasfalisë përbëhet nga fjalët Ves-falia, që shpjegohet me fjalët veç-falja.

Emri i Alsacës dhe Lorenasë shpjegohet me fjalën a e lëshon dhe fjala Lorena shpjegohet me fjalët lereni. Që deri dje ishte një mollë sherri ndërmjet Francës dhe Gjermanisë, se kush ta merrte dhe kush duhet ta lëshonte. Pra, kuptimin e tyre e ka historikisht të provuar.

Emri i Bavarisë, e cila përbëhet nga fjalët Bava-ria, ku e para që është bava do të thotë e bëra dhe e dyta ria që të ri. Pra, kuptimi i saj është se e bëra që të ri.

Emri i Basqisë, një provincë e Spanjës, fjala e saj ka kuptimin e plotë dhe të saktë që do të thotë baskë, të cilët duhet të qëndronin bashkë kur Etruria u shkel nga Roma dhe ata emigruan në Spanjë.

5. Emra shtetesh Aziatike

Në kontinentin Aziatik, ku një pjesë e saj flitet gjuhë indo-evropianë, do të mundohemi të shpjegojmë kuptimin e emrave të tyre, si për shembull, Turqia, që në kohët e mëparshme quhej Anadoll, emër i vënë nga njerëzit e racës së bardhë kur ata zbritën në jug dhe, konkretisht, kur kaluan ngushticën e Dardaneleve. Duke kaluar në anën tjetër të Dardaneleve, ata e quajtën këtë vend "Anë Dolla" ose "Anadoll."

Emri Siri vjen nga toka e saj, që në shumicë është shur.

Emri Palestinë, edhe sipas studiuesve të tjerë, vjen nga emri i vjetër i racës së bardhë, nga emri Pellazgë, të cilët atje u quajtën edhe Palestinë ose Filistinë. Dihet historikisht se njerëzit e detit ose njerëzit e racës së bardhë, duke kaluar Dardanelet, u vendosën në Azinë e Vogël, ku formuan shtetin e tyre të parë, perandorinë Hititë, që gjuha e saj përcaktohet të jetë 8000 vjeçare. Por kjo perandori gjithmonë ka qënë në luftë me atë egjiptiane për tokë dhe interesa ekonomike. Në këto rrethana, pellazgët mbi 3000 vjet para Krishtit pushtuan tokën e quajtur Palestinë.

Pellazg, sipas profesor Spiro Konda, do të thotë i pjellë nga toka.

Emri Kurdë ose Kurdistan, me shtesën "stan" që s'është e gjuhës indo-evropianë, ose shkencërisht të quajtur japetikë, por është e gjuhës semitike. Pra, Kurdi do të thotë "kur di" ose "që di." Emri Gjeorgji ka kuptimin "gjer në gji."

Emri Armeni, e cila bëhet nga fjalët "ar-meni," që do të thotë se edhe ata janë "ar" si ne.

Emri origjinal i krahinës shqiptare Arbëri do të thotë "ar-bëri" ose "ar-bërësi," dhe kjo vërtetohet qoftë me emrin e tyre në Greqi, ku quhen Arvanitasit, qoftë në Itali nga arbëreshët. Pra, gjithmonë qëndron parafjala "ar" dhe jo "al." Kjo vërtetohet edhe nga teza e racizmit që racën e bardhë, racën e pastër, e quanin raca Ariane, që është e pastër si ari.

Emri Azerban, që bëhet nga fjalët "azer-ban," do të thotë "banorë të gatshëm."

Emri Persi është ose "përsipër" ose "sipër," do të thotë se raca e bardhë ishte sipër saj.

Emri Afgan ka po atë kuptim që ka edhe sot një njeri i madh afgan.

Emri Hindi, e cila përbëhet nga fjalët "Hin-di," që ka kuptimin "hyn dija."

Emri Kashmir, që përbëhet nga fjalët "Kashmir," shpjegohet me fjalët "ka-smir," d.m.th, që ka smirë, ku "s-ja" sot është kthyer në "sh."

Emri Pakistan, ku "stan" është prapashtesë e gjuhës semitike, po të hiqet ajo, mbetet "Pakis," që do të thotë pakicë.

Emri Napal, e cila përbëhet nga fjalët "Ne-pa-li," që në shpjegimi do të thotë se nuk pa lindje.

Emri Jordania ose Giordania (Gjiordania) në italisht ose, më mirë etruskisht, e cila bëhet nga fjalët "gjer" dhe "ndan," domethënë gjer ndan dhe prapashtesën "-ia."

6. Emra shtetesh Afrikane

Ashtu si kaloi Dardanelet raca njerëzore e bardhë ose paraardhësit e gjuhës indo-evropiane, ashtu edhe një pjesë e saj, duke kaluar detin Egje që i vuri edhe emrin Egje, d.m.th., e gjeta, kaloj në anën tjetër të bregdetit Afrikan dhe mbërriti në Egjipt.

Dimë se në Egjipt kanë sunduar dinasti Etruske, të cilët fillimisht banonin në Azinë e Vogël dhe më vonë një pjesë e tyre kaloi në Italinë perëndimore, nga Roma në Milano, dhe në lindje nga Apeninet deri në detin Tiren.

Këta Etruskë, që konsideroheshin si etërit e tyre, vunë në sundimin e tyre fronin e faraonit. Edhe sot në italisht (origjina është etruske), Egjiptin e quajnë Egito, që do të thotë e gjeta. Pra, emri Egito, Egjipt do të thotë se e gjeta vendin që dëshironte, gjë e cila edhe sot pretendohet nga njerëzit për gjetjen e një vendi më të mirë.

Izraelitët, që jetonin në Egjipt si skllevër, këtë të vërtetë të emrit e gjetën në kohën e Moisiut, e përshtatën edhe për veten e tyre në vitin 1500 para Krishtit, që duke i udhëhequr skllevërit, Moisiu i kishte premtuar se Perëndia e tyre Mesia do t'ju falte tokën e premtuar.

Një mumje e gjetur në Egjipt nga shkencëtarë gjermanë në shekullin e kaluar dhe që gjendet në muzeun e Zagrebit, duke i hequr paruken, doli se ai ishte bjond dhe duke i mbështjellë trupin, që ishte i veshur me papirus, doli se papirusi ishte i shkruar në gjuhën etruske. Shpjegimi u bë nga profesori Zahari Majani nëpërmjet gjuhës shqipe. Kjo mumje ishte një maxhordom i pallatit të faraonit. Emrin Faraon, shkencëtarët e kanë zbërthyer me anë të gjuhës mëmë, që do të thotë "fara jonë."

Një tjetër dëshmi që Etruskët kanë qënë sunduesit e Egjiptit është vërtetimi historik ku seti i lartë në Eturi quheshin mbretërit, ishte Faraon i Egjiptit, dhe i biri i tij Ramsi II ka qënë perandori më i përmendur i Egjiptit dhe më i suksesshmi. Kur Egjipti sundohej nga Etruskët, ata perandorinë e tyre e shtrinë nga lindja deri në Jerusalem, që në italisht ose në etruskisht quhet Gerusalem (Gjerusalem), që do të thotë gjer-ku-sa-len, d.m.th, gjer ku lind dielli, dhe në perëndim ata thonë: "tunis gjer maron," ose më mirë shpjegohet se perandoria e tyre nis që nga Tunizi dhe shkon gjer në Algjeri, ku latinët më vonë i shtuan fjalën "al," që ka po atë kuptim, gjer e njëjta si grekët që thanë "gurra petra," domethënë gurguri të përsëritet, dhe "maron" është Maroku, pra atje mbaron në Oqeanin Atlantik. Emri Piramida, e cila bëhet nga fjalët Pir-am-ida, ku fjala e parë "Pir" është bir, ku "b-ja" është kthyer në "p," "am" (si shteti am që thonë kosovarët për Shqipërinë) pra "i imi," dhe fjala e tretë "ida" është "i dha." Pra, kuptimi i fjalës piramida është se "im bir i dha" (sigurisht dha urdhër për të bërë).

7. Shpjegimi i emrave të qyteteve Athinë-Romë

Janë bërë disa hipoteza mbi origjinën dhe kuptimin e qyteteve Athinë dhe Romë. Ne do të prezantojmë variantin tonë, duke i mbështetur këto hipoteza edhe me emra të tjera ose në histori.

Për emrin e qytetit Athinë, profesor Spiro Konda e shpjegon p.sh. me fjalët "athana," duke u mbështetur edhe në literaturën helene, ku në kohët e saj ajo quhej edhe Kresni, që do të thotë "thanë."

Megjithëse emrat shpesh vinin nga emrat e pemëve, luleve, etj., në këtë rast, ku ajo më vonë do të luante një rol kryesor, jo vetëm për vendin e saj, por edhe më gjërë, ajo duhej të merrte një emër me një kuptim të plotë. Për mendimin tonë, emri i saj Athinë, që përkon me emrin e perënde-shës Athina, është jo vetëm për nderin e saj, por ka edhe një kuptim të gjerë dhe të plotë. Shpjegimi i emrit Athinë, i cili përbëhet nga folja "a" dhe fjala "thenë," ku "a-ja" ka kuptimin "asht" dhe fjala "thenë" do të thotë "e thënë." Pra, kuptimi i plotë është "asht e thënë," d.m.th., është e thënë që qyteti ynë do të jetë. Për ta ilustruar më mirë qëllimin e emrit, këtu po përmendim edhe emrin e Akropolit, i cili përbëhet nga fjalët Akro-po-li, ku e para do të thotë "akërim," e dyta po dhe e treta "lind."

Pra, kuptimi i saj merr formë dhe kuptimin se po lind akërimi, që do të thotë se ky qytet kishte filluar të akërohej ndaj qyteteve të tjera, sepse kështu ishte e thëna.

Për emrin e qytetit Romë, nuk kemi hipoteza, por në bazë të gjuhëtarëve kemi të dhëna se ky emër nuk është latin, por ilir. Këtë shpjegim po mundohemi ta bëjmë jo vetëm në bazë të gjuhësisë shqipe, por edhe të historisë.

Fillimisht, po e nisim nga ana historike, ku dihet se pas prishjes së Trojës, një pjesë e trojanëve të udhëhequr nga Eneu mërguan drejt perëndimit. Fillimisht, ata qëndruan në Butrint dhe më pas u nisën drejt Italisë, ku zbarkimin e tyre e bëri në afërsi të Romës.

Virgjili, poeti më i madh në kohën e perandorisë romake, shkruan në poemën e tij "Eneida" se Romën e ka themeluar Eneu, qytetari trojan ose i fisit Dardan dhe Ilir.

Eneu, mbasi u stabilizua në troje bashkë me njerëzit e vet, donte të themelonte një qytet për kujtim të qytetit të tij të djegur për Trojën. Duke shkelur të gjithë vendet përreth, ai zgjodhi si vend më të përshtatshëm atë ku edhe themeloi Romën. Emri Romë përbëhet nga dy fjalë, "Ro-më," shpjegimi i saj bëhet në gjuhën shqipe. "Ro" do të thotë "të rosh," dhe më përforcon foljen "roj," duke thënë "romë qyteti im," sepse qyteti i tij i parë nuk pati fatin. Pra, Eneu e pagëzoi qytetin e tij Romë, duke nënkuptuar që qyteti i tij të rronte për jetë.

8. Emra qytetesh të ndryshëm në Evropë - Azi - Afrikë

Shumë emra të qyteteve dhe kryeqyteteve të Evropës kanë kuptim dhe shpjegim nëpërmjet gjuhës mëmë, dhe kjo është e kuptueshme. Sigurisht, edhe në gjuhët e tjera bëhen shpjegime, pasi ato janë degë të kësaj gjuhe, por gjuha jonë është gjuha mëmë dhe gëzon më tepër besim.

Po e fillojmë me vendin tonë, ku midis të tjerëve do të përmendim Shkodrën, Tiranën, Korçën, Bilishtin dhe Përmetin.

Emri i qytetit Shkodra përbëhet nga "sja," e cila është zëvendësuar me "sh," dhe nga fjala "kodra," që do të thotë "s'ka kodra" ose Shkodra.

Emri Tiranë vjen nga dy fjalë, "Tiranë," që shpjegohet si "tur-ranë" ose në dialektin e vendit "tir-ranë."

Emri Korçë, sipas shpjegimeve të gjuhëtarëve grekë, vjen nga emri grek "Korica," që do të thotë "vajzë." Ndërsa sipas shqiptarëve, vjen nga emri "Goricë," që më vonë u shndërrua në Korcë. Sipas mendimit tonë, nuk qëndron asnjëra nga këto pasi në Korcë nuk ka pasur minoritet grek, dhe e dyta zakonisht goricat janë në vendet malore dhe jo fushore, ku në fushë mbizotërojnë bregdetet të cilat kanë nevojë për korje. Prandaj, emri i saj vjen nga fjala "kor," që më vonë kaloi në Korcë.

Emri Bilisht është një emër shumë i vjetër që vjen nga fjalët "Bil-isht," ku fjala "Bil" është "bir." Pra, kuptimi i saj është "ish i birit." Sot, fjalën "bil" nuk e përdorim, por në kohët më të vjetra, ajo është përdorur, siç shihet në veprat e Gjerolamo De Radës, ku ai përmend "bil e bijë," që do të thotë "bir e bijë."

Emri Përmet më parë ka qenë "Pemepi," ku "pi" ka rënë dhe është zëvëndësuar me "t." Pra, "Përmep" përbëhet nga tre fjalë: "Për-me-pi," që do të thotë "për me pi," mbasi në atë anë ka ujra të bollshme për të pirë, sidomos për shkak të rrugës kryqëzuese.

Për Greqinë, përveç Athinës, janë edhe dy qytete tjera që i shpjegojmë me gjuhën shqipe, si Selaniku dhe Larisa.

Emri Selaniku zbërthehet në "Sele-nik," ku fjala "Selen" do të thotë "ledh ik." Pra, kuptimi i saj është praktik dhe i kuptueshëm: si skele, ajo kishte funksionin e saj duke shpërndarë mall dhe duke i nxitur njerëzit të largoheshin.

Emri Larisa po ashtu bëhet nga dy fjalë, "Lar-isa," ku fjalë e parë "Lar" shpjegohet me "i lar" dhe e dyta "isa" shpjegohet me "isha." Pra, kuptimi i saj i plotë është "i larë isha." Dihej se Larisa është një vend me burime ujore të shumta.

Në Rumani, kryeqyteti i saj është Bukureshti, emër që përbëhet nga fjalët "Bukur-esht." Emri i saj është shumë i kuptueshëm, që do të thotë "qytet i bukur."

Në Ukrainë, kryeqyteti i saj është Kiev, i cili përbëhet vetëm nga fjala e vetme "Kie" dhe shtesa "v," që në shpjegimin tonë ka kuptimin "kie ti atë vend, fshat apo qytet."

Në Poloni, kemi mundur të shpjegojmë tre emra të kryeqytetit Varsavë dhe të qyteteve Wroclaw dhe Katowice. Emri Varsavë përbëhet nga fjalët "Var-shavë," që do të thotë "Var-se-ve," duke shpjeguar se Varsava ka qenë një qendër ku vinin dhe vendosnin mallin e tyre. Ose mund të ketë edhe kuptimin "mar-se-ve," ku "m-ja" është shndërruar në "v."

Emri Wroclaw përbëhet nga fjalët "Wro-clav," ku fjala e parë "Wro" do të thotë "vrojto" dhe e dyta "clav" do të thotë "sllav." Pra, kuptimi i saj është "të vrojtohen sllavët që vinin nga lindja."

Emri Katowice përbëhet nga fjalët "Kato-vicë," që do të thotë "këtu do të vish."

Në Çeki, shpjegojmë vetëm emrin e kryeqytetit Pragë, i cili në kuptimin shqip do të thotë "pragu i vendit ku kalonin lindorët drejt perëndimit."

Në Estoni, shpjegojmë vetëm emrin e kryeqytetit Tallinn, e cila është e përbërë nga fjalët "Ta-lin," që do të thotë "këtu Linda."

Nga shtetet skandinave përmendim vetëm tre kryeqytetet e tyre. Kryeqyteti i Finlandës, i quajtur Helsinki, zbërthehet në "Hel-sin-ki," që do të thotë "le qytetin, s'ikën" ose "Heleseik." Kryeqyteti i Suedisë, Stokholmi, shpjegohet me fjalët "stoku e lemë," pasi edhe këtu ka qenë ftohtë. Kryeqyteti i Norvegjisë, Oslo, përbëhet nga një fjalë dhe kuptohet si "Oslos," pasi klima është më e butë.

Ndërsa emri "Skandinavë" përbëhet nga fjalët "Ska-andi-na-ve," që do të thotë "s'kam-andej-nga-të-vij," pra, s'kam andej nga të vij.

Në Danimarkë, shpjegojmë vetëm emrin e kryeqytetit Kopenhagen, që përbëhet nga fjalët "Kopen-hagë," duke gjetur shpjegimin "kope-hagë" ose "kope me agë," pasi gjallesat e detit për njerëzit kanë qenë dhe janë ushqim kryesor.

Për Austrinë, shpjegojmë kuptimin e kryeqytetit të saj Vienë dhe qytetit të Grazit. Emri Vienë është i kuptueshëm nga përmbajtja e saj "Vien," që do të thotë "me shumë dritë." Emri i Grazit, "Grac," bëhet nga fjalës "Grac-ke."

Në Zvicër, shpjegojmë emrin e kryeqytetit Bernë dhe të qytetit Geneva. Emri Bernë përbëhet nga fjalët "Bër-ne," që do të thotë "është bërë në atë vend." Emri i Genevës është nga fjalët "Gjen-evë," që do të thotë "gjen e ve, e vendos."

Në Itali, përveç kryeqytetit, shpjegojmë edhe emrat e qyteteve Milano, Torino, dhe Perugia. Emri i Milanos përbëhet nga fjalët "Mi-lan," ku shpjegohet me kuptimin "lan mbi lumin" ose "mbi lumin lan," duke ditur se atje kalon lumi më i madh i Italisë, lumi Po. Emri i Turinit është nga fjalët "To-rin," që ka shpjegimin dhe kuptimin "këtu do rrimë," "to-këtu," dhe "rino-rrimë." Emri i Perugias ka kuptimin e "përroit," shtuar me prapashtesën "gia."

Në Hollandë, shpjegojmë vetëm emrin e qytetit Amsterdam, që përbëhet nga fjalët "Am-ster-dam," me kuptimin "am-amë," "ster-sterë," dhe "dam-dëmtuar." Pra, kuptimi i saj është "skela anë e dëmtuar."

Në Belgjikë, shpjegojmë vetëm emrin e kryeqytetit të saj Bruksel, që përbëhet nga fjalët "Brug-sel," dhe kuptohet si "bregu se le." Këtu përmendim edhe fushën e betejës të Napoleonit, Waterloo. Emri i Waterloo-s ka kuptimin e pastër dhe të kuptueshëm, fjala "Vater-vatër" dhe "lonë-lojë," që do të thotë "vatra e lojës."

Nga qytetet gjermane, shohim kryeqytetin Berlin, që përbëhet nga fjalët "Ber-lin." Kuptimi i "Ber" është "bërë" ose "bën," dhe "lin" është "lini." Pra, në këtë vend, është "bërë lini."

Nga Britania e Madhe, shqyrtojmë emrin e kryeqytetit të saj Londër dhe të qytetit Birmingham, duke u dhënë shpjegimin dhe kuptimin e tyre nëpërmjet gjuhës shqipe.

Emri Londra është i përbërë nga emri i saj, "Lundra," duke shpjeguar se ky emër ka lidhje me kalimin e lumit më të madh të Britanisë, lumit Thames. Pra, aty kalohet me lundra dhe anije.

Emri i Birminghamit përbëhet nga fjalët "Bir-mi-ngam." Në kuptimin shqip, fjala e parë "Bir" do të thotë "bir," e dyta "mi" do të thotë "me," dhe fjala e tretë "ngam" nënkupton "ngjan." Kuptimi i plotë është "biri im më ngjan ose më ngjan si biri im."

Në Irlandë, kryeqyteti i saj, Dublin, shpjegohet me fjalët "Du-du" ose "dua" dhe "blin" me fjalën "blerë," pra "dua të ble."

Në Francë, shpjegojmë emrin e kryeqytetit Paris dhe të qyteteve Bordeaux, Marseille dhe Toulon.

Emri Paris është i pastër dhe i qartë. Ky emër ka kuptimin "pari" ose "paros," pra, "qytet i pari."

Emri Bordo, i cili përbëhet nga fjalët Bor-do, në shpjegimin tonë do të thotë se bie borë. Pra, këtu në këtë qytet bie borë.

Emri Marsel bëhet nga fjalët Mar-se-l, ku Mar do të thotë se mar, ndërsa se-se dhe i përfaqëson fjalën le. Pra, kuptimi i saj është "mar se le veprime që bëhen në skelë, ku marrin dhe lenë mallrat e tyre."

Emri Toulon, i cili përbëhet nga fjalët Tou-lon, ku tek e para Tou do të thotë këtu dhe e dyta lon ka kuptimin lindur. Pra, kuptimi i plotë i saj do të thotë se "këtu kam lindur."

Në Spanjë, po ashtu, ka emra të qyteteve që shpjegohen me gjuhën mëmë, gjuhën shqipe, si për shembull kryeqyteti Madrid dhe qytetet Toledo, Bilbao, Barcelonë dhe Sevilje.

Emri Madrid, i cili bëhet nga fjalët Ma-drit, do të thotë në kuptimin shqip të saj "Ma-me shumë dhe drit-dritë," dhe në kuptimin e plotë të saj, ajo ka më shumë dritë.

Emri Toledo, i cili përbëhet nga fjalët To-le-do, ka kuptimin, ku për fjalën e parë To=këtu, për fjalën e dytë le-le dhe për të tretën do-do. Pra, kuptimi i saj i plotë është se "këtu dua të lind."

Emri Bilbao, që bëhet nga fjalët Bil-bao, shpjegohet me fjalët Bil-bir dhe ban-e bani. Pra, kuptimi i plotë i saj është se "qytetin e bëri i biri ose biri e bëri." Në literaturën e poetit dhe patriotit arbëresh, Gjilormo De Rada, shkruhet për rastin "bil e bijë" si për rastin e "birit dhe të bijës."

Emri Barcelonë, që bëhet nga fjalët Bar-ce-lon, ku fjala e parë do të thotë "barte ose më barte," fjala e dytë ce=se dhe fjala e tretë len, do të thotë "bartë, se le ose ngarkoj, se le," është në kuptim të skelave në marrjen dhe lënien e mallrave.

Emri Sevilje ka kuptimin e saj Se-vi-lje, që do të thotë në kuptimin e sotëm "vij se le ose le se vij." Pra, edhe këtu, kuptimi i saj është "marrëdhënie e lënie-marries, e këmbimit të mallrave ose thjesht nevojën për të plotësuar nevojat e tyre."

9. Emra qytetesh në kontinentin e Afrikës dhe atë të Azisë

Në Afrikë, dhe konkretisht në Egjipt, kemi emrin e kryeqytetit të saj, Kajro, që shpjegohet me anë të gjuhës sonë, gjuhës mëmë të gjuhëve të shumta indo-evropiane, kur dimë se atje ka sunduar administrata dhe oborri i faraonit nga iliro-etruskët.

Emri Kajro, ku përbërja e saj është nga fjalët Kaj-ro, pra nga dy fjalë, e para tregon se ku në c'anë, në c'vend ron dhe e dyta është folje me roj tur ro që do të thotë ku-roj ose sipas kohës së tyre, Kaj-ro.

Në Azi, po ashtu, në shumë shtete të saj, duke filluar nga Turqia dhe deri në Hindi, do të gjejmë gjurmët e racës së bardhë ose, më konkretisht, do të gjejmë shprehjet e gjuhës indo-evropiane që sot zbërthehen me anë të gjuhës mëmë, gjuhës shqipe. Kështu po fillojmë me Turqinë.

Emri Ankara, që bëhet nga fjalët An-ka-ra, e para do të thotë në an, e dyta ka dhe e treta ra, d.m.th në anë ka ra, dhe konkretisht ky qytet është në anën më lindore të Turqisë.

Emri Bizant, që bëhet nga fjalët Biz-ant, është një qytet në buzë të detit Egje dhe do të thotë në buzë. Emri Bizant u bë dhe emri i perandorisë bizantine.

GJUHA SHQIPE, GJUHA MËMË E GJUHËVE INDOEVROPIANE

Emri Trojë, qytet i vjetër antik që u dogj nga grekët rreth 1300 vjet para Krishtit dhe që ndodhet në Turqi, ka kuptimin e truallit, Trojë-truall.

Në Siri, kryeqyteti i saj që quhet Damask dhe që bëhet nga fjalët Dam-ask, ka kuptimin që është dëm, ku Dam-dëm dhe ask-asht.

Në Azerbajxhan, kryeqyteti i saj që quhet Baku, ka kuptimin se ku banoj, Ba-banoj dhe fjala ku-ku.

Në Gjeorgji, kryeqyteti i saj Tiblisi, që bëhet nga fjalët Ti-blis, e para ka kuptimin ti dhe e dyta do të thotë blis-blesh. Pra, kuptimi i përgjithshëm është se ti të vesh të blesh. Në qendër ku shiten dhe blihen mallra të ndryshme, ashtu sikundër këtë shprehje e kemi gjetur edhe në vende të tjera.

Në Armeni, kryeqyteti i saj që quhet Erevan dhe që bëhet nga fjalët Ere-van, ka kuptim të parë Ere-erë dhe e dyta van-vend. Pra, kuptohet se atje është vend ere, ka erëra.

Në Irak, kryeqyteti i saj Bagdad, që përbëhet nga një fjalë, do të thotë bagëtitë, pra ishte një qendër bagëtish.

Në Iran ose Persi, kryeqyteti i saj Teheran, shpjegohet me fjalët Teh-tek dhe eran-e ran. Pra, kuptimi i saj i plotë është tek e ran ose ku e ran.

Emri Karaci, që bëhet nga fjalët Ka-ra-ci, do të thotë se ka ra shi. Pra, është vendi ku bie shi. Ndërsa emiri Kabul, që bëhet nga fjalët Ka-bul, do të thotë se ka boll.

Në Hindi, përveç kryeqytetit të saj Delhi, është dhe qyteti i Kalkutës që shpjegohen me anë të gjuhës shqipe, mbasi, sikundër e kemi përmendur atje ku shtrihen degët e gjuhës indo-evropiane, atje gjejmë dhe gjurmët e vjetra asaj gjuhës mëmë.

Emri Delhi, që bëhet vetëm nga një fjalë, Deli, ka kuptimin e saj dielli. Kjo fjalë e predikimeve të popujve të lashtë me shprehjen dhe kuptimin e saj edhe sot është një shembull i ruajtjes së trashëgimisë.

Emri Kalkutë, që bëhet nga fjalët Kal-kutë, shpjegohet me anë të gjuhës shqipe, ku fjala e parë është Kal-kall dhe fjala e dytë kutë ka kuptimin këtu, ku e kanë ndërruar vendet.

Emri Siqeli përbëhet nga fjalët Si-qe-li, që do të thotë si qe lindur e paprekur e pabanuar, kur zbritën atje njerëzit e racës së bardhë që flisnin gjuhën mëmë.

Emri Palermo përbëhet nga fjalët Pa-ler-mo, që do të thotë se ky qytet s'qe lindur akoma.

Emri Palestinë që bëhet nga fjalët Pa—le-stinë do të thotë se ata ishin shumë të hershëm, domethene se janë pa lindur astinë.

Emri Karnak, qytet në Egjiptin e vjetër, përbëhet nga dy fjalë Ka-rnak, ku "Ka" ka po atë kuptim dhe fjala "rnak" ai që ren. Pra, kuptimi i saj është se në atë qytet ka rena, karnakë.

9. Emra të ndryshëm që shpjegohen me Shqipen

Këtë kapitull po e fillojmë nga poli i veriut duke zbritur drejt jugut.

E fillojmë drejt polit të veriut. Fjala "pol" do të thotë po e le kalimin deri këtu, më tej nuk shkohet. Pol, po le ose po e le.

Emri Skandinavi, të cilin e kemi shpjeguar edhe më sipër, ka kuptimin se nuk kalohet më tej nga ajo anë.

Emri i polit të veriut, quajtur Arktik, po ashtu shpjegohet nëpërmjet gjuhës shqipe, gjuhës mëmë, e cila zbërthehet në "A-rkt-ik", ku A-ja përfaqëson foljen "qënë", që në këtë rast do të thotë "ashtë". Fjala e dytë "rkt" është barabartë me fjalën "raketë", dhe fjala e fundit "ik" është po ajo, "ik". Kuptimi i saj i plotë do të thotë se atje është regjion i ftohtë, prandaj këshillojnë që të ikin, "asht rekë ikë".

Emri "ajzberg", i cili bëhet nga përemri "aj" dhe fjala "zberg", domethënë e para ka kuptimin "aj", ndërsa e dyta do të thotë "zbret", ku "e-ja" ka kaluar para "r-së" dhe "g" është zëvendësuar me "t-në". Pra, kuptimi i saj i plotë është se aj zbret drejt jugut.

Emri "Atlantik" përbëhet nga fjalët "At-lanti", ku fjala e parë përfaqëson atin dhe e dyta do të thotë "ti na lan ose lan ti". Pra, kuptimi i saj është "ati që na lan".

Emri "amfiteatër", ku "f-ja" ka zëvendësuar "v-në", duhet të ishte "amviteatër", e cila përbëhet nga fjalët "am-am", "vi-vi", "te-te", dhe "atër-atërit". Pra, sot do të lexohej "vi të atrit em".

Emri "Ser", që në anglisht ka kuptimin e një njeriu të sërës së lartë, kuptimi i saj është i qartë. "Ser" do të thotë se vjen nga sëra, sëra e lartë në këtë rast.

Po ashtu, emri "Lord", që në anglisht është po ashtu titulli më i lartë, prejardhjen e ka nga gjuha mëmë dhe më saktë nga etruskja, ku dihet se mbretërit e tyre quheshin "Lard" si Seti i Larde, i ati i faraonit të madh Ramsi II. Pra, "a-ja" është shndërruar në "o" në anglisht në mijëra vjet që kanë kaluar.

Emri "Mesdhe", që në gjuhët e huaja quhet Mediterane, shpjegohet me anë të gjuhës shqipo-ilire dhe më konkretisht me etrusken që italianët e kanë trashëguar. Ajo bëhet nga fjalët "Mediterane", ku fjala e parë "Medit" do të thotë "me ditë", dhe e dyta "teran" do të thotë "ose", ose shpjegohet me fjalën "të biesh", me ranë. Nga kjo rezulton se emri i saj s'ka të bëjë me emrin "det" dhe as me "Mesdhe".

Emri i lumit "Rihni" ka kuptimin "rini" ose "Rihni" do të thotë "lumi që ri ose fle".

Emri të vend-qëndrimit të gurit "Rhuri" shpjegohet me fjalët "ri ruaj".

Emri "atmosferë", e cila përbëhet nga fjalët "at-mos-fer-rë", shpjegohet me shqipen. Fjala e parë "at" ka kuptimin "at", e dyta "mos" ka kuptimin "mos", e treta "fer" do të thotë "ver", ku "f-ja" është zëvendësuar me "v-në", dhe e fundit "re" ka kuptimin "at". Në kuptimin e saj të plotë kemi "at mos e ver re", domethënë se ti "at" që je sipër mos e ver re se ç'farë bëjmë ne njerëzit mëkatarë.

Emri "deltë", që shpreh dijenë e lumenjve në det dhe që krijon gërmën greke delta mbasi në derdhje ai ndahet në formë trekëndëshi, kuptimin e ka në gjuhën tonë, domethënë se lumi del në breg të detit.

Emri "Adriatik" që bëhet nga fjalët "A-dr-at-ik" ka kuptimin "A-asht, dri-ndrit, at-ati, dhe ik-ik". Pra, kuptimi i plotë është "asht drita e atit që ikën", sigurisht këtë emër i vunë Adriatikut kur ai perëndonte drejt perëndimit në Itali.

Emri "Fenik" që bëhet nga fjalët "Fin" dhe "ik" ka kuptimin e saj të plotë "ik dhe fund".

Emri "Kartagjenë" që bëhet nga fjalët "Kart" që do të thotë "ka ardhur" dhe "gjenë" fjala e dytë ka kuptimin "gjenë". E plotë shpjegohet se fenikasit që u larguan nga Azia e Vogël kanë ardhur gjenë, përsëri, por tashmë në Afrikë.

Emri "Kanibal" që ishte ushtaraku më i zoti i popullit të Fenikut dhe që luftoi kundër Romës shpjegohet me fjalët "Kani-bal" që do të thotë fjala e parë "Kani-kanë" ose më mirë me të sotmen "janë", dhe fjala e dytë "balsballore". Pra, ata ishin ballorë dhe ky duhet të ishte epiteti që i kishte vënë populli i tij "kanë ballë" ose "ka ball" ose ai është ballëtori që ju vu detyrës në luftë kundër Romës.

Emri "Cezar", edhe ky emër duhet të jetë një epitet që ia vuri populli i Romës "ce-zar" që do të thotë "qe fat", që doli ai në krye të ushtrisë dhe perandorisë si udhëheqës.

Emri "Sfinks" është e kundërta e emrit "finkë", pra ajo skulpturë që nuk ishte qenie e gjallë u quajt sfinks që do të thotë "jo finkë", dhe "s-ja" është një prapashtesë.

Emri "eskimez" që bëhet nga fjalët "es-ec", "ski-ski", dhe "me-me" ku kuptimi i saj është "ec me ski gjë që qëndron", sigurisht që skitë e sotme ndryshojnë nga ato të asaj kohe. Ato ishin ashtu sikundër janë ato të fëmijëve.

Emri "Danubi" që bëhet nga fjalët "Dan-ubi" shpjegohet fjala e parë "dan-ndan" dhe e dyta "ubizku" bie domethënë se lumi Danub e ndan tokën atje ku bie.

Emri "Volga" e ka kuptimin "Voli-vjell" dhe "ga-nga" me kuptimin se Volga vjell nga.

Emri "Lamansh" që bëhet nga fjalët "La-mansh" në frëngjisht, në gjuhën e vjetër mëmë ajo ka qënë lamansh e cila ndahet në fjalët "Lam-ansh" ku e para ka kuptimin "Lam-e lam" dhe fjala "ansh-anash". Pra, kuptimi i saj është se kalimin e anijeve e lanë anash.

Emri "Apenine" që bëhet nga "Apeni-ne-anë" duhet të ishte "Apeni-hapjen", "në-në", dhe "anë-anë". Pra, kuptimi është se hapen vargmalet Apenine nga ana në anë, ashtu siç është edhe ky vargmal që shtrihet nga veriu në jug.

Emri Andet, megjithëse është një emër vargmalesh në Amerikën e jugut, i cili shtrihet në të gjithë këtë pjesë të kontinentit jugor amerikan, duket se gjuha mëmë, edhe në shekullin e 15-të, vazhdon të përdoret ashtu siç thotë edhe d'Angeli, se kjo gjuhë flitej në popujt e racës së bardhë edhe gjatë perandorisë bizantine; pra, merreshin vesh. Në këtë anë, edhe ne do të bëjmë shpjegimin e emrit "Andet," e cila bëhet nga fjalët "An-det," që do të thotë anës detit, ashtu sikundër është në realitet shtrirja e tij anës oqeanit Paqësor.

Emri "Aleksandër," që ka fjalët "A-le-sa-ndër," shpjegohet ku "A-ashtë," "le-le," "sa-si," dhe "ndër-në ëndërr." Pra, kuptimi i saj është se aty ke lindur si në ëndërr, ashtu sikundër kishte parë e jëma e Aleksandrit të madh, Olimbia, sipas legjendës dhe që vetë emri tregon kuptimin e tij.

Emri "Himalaje," që bëhet nga fjalët "Hi-mal-aje," shpjegohet me kuptimin "Hi-hi," "mal-mal," dhe "aje-majë," ku kuptimi i saj i plotë është majë mali hi, domethënë se maja e malit ka pamjen e hirit.

Emri "Everest," që bëhet nga fjalët "Eve-re-st," në kuptimin e saj do të thotë është e vënë në re, ku fjala "Eve" është vendosur, fjala "re-re," dhe "st-është."

Emri "Ural" ka kuptimin ura, që do të thotë se është urë ndërmjet dy kontinenteve, Europës dhe Azisë.

Emri "Filistine" do të thotë se janë filizi jonë, pra ata të fisit tonë, se janë filizi jonë.

Emri "Farisej," po ashtu ka kuptimin e zbërthimit të saj nëpërmjet gjuhës sonë, dhe "far" do të thotë farë, ndërsa "isej" do të thotë i saj. Pra, kuptimi i përgjithshëm është se ata janë të farës së saj, të trungut pellazgjik. Farisej ose Filistine quhej populli palestinez që pushtoi Palestinën para më shumë se 3000 vjet para Krishtit.

Emri Torabora, mal në Afganistan, që bëhet nga fjalët "To-ra-bora," shpjegohet me fjalët "To-këtu," "ra-ra," "bora-borë." Pra, ajo nënkupton se në ato anë, në ato male bie borë, ose ndryshe e thënë, këtu bie borë.

Emri "Astek" shpjegohet me fjalët "Ast-asht" dhe "tek-tek," pra kuptimi i saj është për një njeri që është vetëm, tek ashtu siç quhen edhe sot njerëzit që jetojnë vetëm dhe, për më tepër, ata njerëz të vetmuar në vende të vetmuara. "Ast-tek," ku t-ja e përsëritur dy herë njëra bie dhe është thjeshtuar në emrin "Astek."

Emri "Papir," që bëhet nga fjalët "Pa-pir," po ashtu ka kuptimin e saj në gjuhën e popullit që ka vënë në përdorim shkrimin, dhe ku vuri në përdorim papirin, ai vuri re se atje shkruhej pa e pirë lëngun, mbasi vetë ajo e thithte. Pra, emri "Papir" do të thotë se s'ka nevojë për të pirë lëngun.

Emri "Olimpi" do të thotë se kur vinte njeriu në malin e Olimp për të bërë parashikimet e së ardhmes, ai ishte i etur dhe i lutej Orakullit që ta lejonte të pinte ujë në pusin e Olimpit. Emri "Olimp" do të thotë o lemë të pi.

Emri "Pitea" nuk është emër, por Orakullit që i bënin pyetjet për të marrë parashikimin. Pra, "Pitea" ishin pyetjet që drejtonin njerëzit Orakullit.

Emri Thermopilet është një emër që tregon ngjarjen heroike të historisë së lashtë greke në luftë kundër persianëve. Në Thermopile, në një grykë ku kishin zënë pozicionet greke, u thanë persianëve "therm-po-tle," ku t-ja ka ndërruar vend.

Emri "Histori," e cila ka kuptimin "Hi-stori" ose "ni-steri," që do të thotë hik nga terezia. Pra, historia ka bazë që në kohë të pellazgëve.

Emri "Ambjent" është një përbërje fjalësh nga "Am-bi-jent," ku fjala "Am" do të thotë e imja, ku "bi" është po ai kuptim mbi dhe "jent" do të thotë jetë, por për shqiptimin më të mirë në këtë fjalë është shtuar "n-ja." Pra, kuptimi i saj është vendi ku njeriu jeton në ambientin e tij.

Emri "Pashkë," që bëhet nga fjalët "Pash-kë," në kuptimin e saj do të thotë se dikë pashë atë ditë të Pashkës.

Emri ose fjala "arkaik" përbëhet nga fjalët "arka-ik," ku "arka" është arkë ose varkë dhe "ik" do të thotë arka që ik. Ndoshta ka për analogji me varkën e Noes që iku për të shpëtuar nga përmbytja. Ajo nuk ishte një varkë por si një arkë që iku, lindroi.

Emri "Pellazg" ose "Pellazgjik," e cila bëhet nga fjalët "Pella-zgjie," do të thotë se është pjellë prej asgjëje.

Emri "Musulman," që bëhet nga fjalët "Mu-sul-man," do të thotë më sulmuan në çdo anë, dhe kjo historikisht është vërtetuar se feja musulmane është përhapur me anë të luftës, të dhunës, ashtu siç e vërtetonte Fan Noli në veprat e tij se fjala islam do të thotë dhunë. Por çështja kryesore është se pse ju vu ky emër që ka kuptimin në gjuhën mëmë, në shqip. Arsyeja gjendet në shpjegimin e librit "Enigma" të D'Angelit, i cili shpjegon se, pavarësisht nga gjuhët e reja që lindën si greqishtja dhe latinishtja, në masë merrej vesh akoma deri në perandorinë Bizantine me anë të gjuhës mëmë.

Emri "Muamedan," e cila bëhet nga fjalët "Mua-me-dan," shpjegohet me fjalën "mua më ndan," domethënë se njerëzit feja muamediane i ndan nga njerëzit e tjerë, ku zotëronte kryesisht feja kristiane në kohën kur filloi të përhapej feja islamike në shekullin e 7 para erës së re.

Emri "Pleqëri," i cili përbëhet nga dy fjalë "Ple-qëri," ku fjala e parë ka kuptimin e plehut nga parafjala "që" dhe nga fjala "ri." Pra, kuptimi i fjalës "pleqëri" është shumë i qartë. Pleqëria është plehu që ri.

Emri "Djalë," i cili bëhet nga vetëm një fjalë. Kjo fjalë, duke i shtuar vetëm "I"-në, merr emrin më të keq "djall." Pra, fjala "djalë" është shumë e afërt me të keqen, me djallin, gjë të cilën krijuesit e gjuhës mëmë e kanë peshuar shumë mirë duke i afruar këta dy emra. Kuptimi i saj do të thotë se është gjinia mashkullore ajo që prodhon të keqen dhe jo femra, që mbas disa shekujsh u konsiderua Eva, ajo që tradhtoi dhe nuk mbajti premtimin e dhënë ndaj Perëndisë.

Emri "Vajzë," e cila përbëhet nga dy fjalë "vaj-zë," ku fjala e parë "vaj" dhe e dyta "zë" kanë kuptimin zëri që vajton. Pra, vajza gjithmonë vajton me zë për t'u përkrahur nga më të fuqishmit.

Emri "Adam" përbëhet nga dy fjalë, nga "A-ja" që e kemi shpjeguar dhe që do të thotë ashtë, ku edhe sot në të folurën gegërisht "a-ja" përdoret me po atë kuptim, dhe fjala e dytë "dam" është i ndarë. Pra, Adam ka kuptimin "ashtë nda."

Emri "Eva," që bëhet nga nyja e dhe nga pjesëza va ose ve, do të thotë se është e ve, por në gegërisht përdoret se ajo grua është e va, pra e ve.

Emri "Amendament," i cili bëhet nga katër fjalë të cilat janë "A-mend-nda-ment," ku "n-ja" e "d-ja" në fjalën e dytë dhe të tretë përsëritet duke u thjeshtuar. Pra, kuptimi është ku fjala e parë "a" përfaqëson "ashtë," sikundër e kemi shpjeguar, "mend" do të thotë po mend, fjala e tretë ka po ashtu atë kuptim që ndan dhe fjala e fundit "mend" ka po kuptimin e mendjes. Pra, kuptimi i saj është se "Amendament" do të thotë se është mendimi që ndan mendimin.

Emri "Ramseti" ose "Ramseti ll," faraoni më i përmendur në shekullin e 14 para Krishtit. Emri i tij bëhet nga dy fjalë nga fjala "Ram," domethënë i ranë, dhe nga emri "seti." "Seti" ishte babai i tij, pra do të thotë se ai ishte i ranë i Setit, domethënë ishte trashëgimtar i Setit. "Seti" ishte i racës së bardhë, ishte etrusk, ku në Etruri e thërrisnin "Seti i Lartë." Mbretërit në Etruri quheshin "Lart," dhe kjo vazhdoi edhe në mbretërinë e Zogut, i cili quhej "Lart madhërija e tij mbreti Zog." Edhe kuptimi i sotëm "Lord" në Angli vjen po nga ajo rrënjë dhe po nga ai kuptim.

Emri "Tutmos," emri i një faraoni të Egjiptit, përbëhet nga dy fjalë, nga fjala "Tut" dhe "mos," që kuptimi i saj do të thotë mos u tut, mos ki frikë, pra "tut mos."

Emri "Bibla," emri i librit fetar më prestigjioz që në shekuj ka frymëzuar njerëzit për një qëndrim paqësor. Emri "Bibla" përbëhet nga dy fjalë, "Bib-la," e dalë nga gjuha mëmë e gjuhëve indo-evropiane me vjetërsinë e saj dhe në rrethanat e vendit ku ajo u shfaq për herë të parë në lindjen e afërt, ku jetonin edhe popuj të tjerë dhe sidomos gjuha semite për efekte gjuhësore dhe shprehje, shpesh edhe në vetë një gjuhë gërmat ose ftohet, siç thuhet në gjuhësi, pësojnë spostime. Kështu fjala ose emri "Bibla," sipas mendimit tonë, duhet të ketë qënë "Bil-ba," ku dy gërmat që ndodhen ngjitur të jenë spostuar njëra te tjetra, "b" dhe "l." Mirëpo, "bil" e "bijë" në literaturën e De Radës janë "bir" e "bije," të rrojtur nga lashtësia në gjuhën e folme të arbëreshëve. Më lart kemi shpjeguar se "Bilbau," qyteti besk në Spanjë, do të thotë që qytetin e bëri im bir. "Bilbao" (bir e bau). Po të njëjtin shpjegim ka edhe qyteti i Shqipërisë "Bilisht," se kjo ishte e tim biri, "Bil-ishti" e birit ishte.

Duke u nisur edhe nga faktorë të tjerë, se në Bibël ndodhen fjalë që shpjegohen me gjuhën mëmë si Jehovaj, aleluja, amen, etj., arrijmë në përfundimin se edhe emri "Bibla" me spostimet e saj është një fjalë e gjuhës mëmë që do të thotë "Bib-la" në "Bil-ba," pra kuptimi i saj është i plotë, jo vetëm në anën gjuhësore por edhe në përmbajtjen e saj, që do të thotë se këtë libër e bëri im bir. "Bil-bani" (biri e bani). Fjalët janë të shkurtra e të prera si një gjuhë fillestare (arkaike) ku zhvillimi gramatikor u pasua më vonë.

Emri "Hebre," që përfaqëson fenë hebraike të popullit izraelit, është një emër shumë i vjetër që popujt e gjuhës japetike - (indo-evropiane) bashkëjetonin në Azinë e Vogël me popujt e gjuhës semitike i kanë quajtur "hebrej." Por fjala "hebrej" në gjuhën mëmë ka kuptimin "më brejt" kur themi se më bren ndërgjegjia ose thjesht brejtës. Pra, ata përfaqësonin një racë njerëzore që të brenin, prandaj duke i shtuar edhe parafjalën "he," u mbiquajtën "Hebrej." Ose ka edhe kuptimin "hë mo brejtës," pra "hebrej."

Emri "Cifut," që bëhet nga fjalët "Ci-fut," kuptimi i saj është i qartë dhe i plotë, që do të thotë se "ci-fut" ose mos i fut, se ata janë brejtës dhe të zhbirojnë, ashtu siç ndodhi në rastin e Jezu Krishtit, që e tradhtuan, dhe kur Pilati guvernatori romak i Palestinës i la duart se nuk pa ndonjë të keqe tek Krishti, por ja u la cifutëve të gjykonin vetë dhe ata e kryqëzuan.

Me këtë rast do shpjegojmë emrat e tre diktatorëve të Luftës së Dytë, që për çudi kanë kuptimin e plotë të atyre tre figurave.

Emri "Hitler," që bëhet nga fjalët "Hi-tler," ka kuptimin se "hi" do të lerë, dhe kjo është realiteti.

Emri "Stalin" bëhet nga fjalët "Sta-lin," por "s-ja" është mohuese, dhe kuptimi i saj është mos ta lini.

Emri "Duce," në këmbim të rrokjeve merr kuptimin "ce du," ose Musolini - mos e lini.

Emri "Pantheon," i cili bëhet nga dy fjalë, nga fjala "Pan" dhe "theon," ku fjala e parë "Pan" do të thotë fjalë pa an ose pa anësi, dhe fjala e dytë "theon" do të thotë që të thoni. Pra, kuptimi i saj do të thotë se thoni pa an. Dihet se "Pantheoni" ishte parlamenti i Athinës ku flitej për problemet e shtetit Athinas.

Emri "Parlament," i cili bëhet nga fjalët "parla," që do të thotë flas, dhe është në italisht, dhe nga fjala "ment" në shqip, që do të thotë mend. Pra, kuptimi i saj do të thotë mendimi i fjalës.

10. Histori e shkurtër e fisit të parë, fisit pellazgjik ose Hitit dhe e fisit ilir, Etruskët

Gjuha hitite, sipas grafikut të shkencëtarëve të Zelandës së Re, paraqitet si gjuha më e vjetër e racës së bardhë ose e trungut të gjuhëve indo-evropiane. Zbulimet arkeologjike në terakotat, ku ata kanë lënë shkrimet e tyre, të cilat kohët e fundit janë deshifruar me ndihmën e gjuhës mëmë, shqipes, tregojnë për ndërhyrjet e tyre në zhvillimin e gjuhës.

Hititet paraqiten si të parët në histori që kanë pasuar një zhvillim të shkrimin e gjuhës së tyre. Nisur nga vendi i tyre i origjinës në veri-lindje të Europës, ata zbarkuan në Ballkan, duke kaluar Dardanelet dhe duke arritur në anën tjetër të bregut, ku themeluan Turqinë e sotme, njohur edhe si Anadoll. Në këtë territor që atëherë konsiderohej si një fokus i zhvillimit, ata krijuan një qytetërim dhe zhvilluan një gjuhë të shkruar. Me kalimin e kohës, perandoria hitite shtrihej nga Bosfori deri në Azinë e Vogël, duke përfshirë Turqinë, Kurdet, Sirinë, Jordaninë, Libanin, dhe më vonë Palestinën, rreth vitit 3000 para Krishtit.

Në atë periudhë, emri përgjithshëm i racës së bardhë, pellazgë, sipas profesorit Spiro Kondës do të thotë "i lindur ose i pjellë nga dheu." Ky emër u përdor për të quajtur vendin e pushtuar, që u quajt Pelestinë ose Palestinë.

Hititet u përballën në luftë me perandorinë e Egjiptit për shkak të ekspansionit, pasi të dyja perandoritë ishin fqinje. Një fakt interesant është se oborri mbretëror i Egjiptit ose dinastia e Faraonëve ishin njerëz të racës së bardhë nga fiset ilire, Etruskët. Emri Hitite shpjegohet nëpërmjet gjuhës shqipe, ku rrënja "hiti" do të thotë "ji ti," dhe "te" është prapashtesa që pasohet pas emrit Hitite.

Historia tregon se perandoria Hitite u shkatërrua nga një tjetër fis ilir, fisit Maqedonas, që në atë kohë kishin zbritur në Ballkan nën emrin Brigë dhe u quajtën Frigë. Fiset ilire, si Dardanët ose Kosovarët e sotëm, po ashtu zbritën në Anadoll dhe themeluan qytete si Teojën.

Perandoria Hitite kishte kryeqytetin e saj afër Ankarasë, por kishte një shtrirje në lindje deri në Kaukaz dhe në pjesën e sotme të Iranit, ku banoheshin nga raca e bardhë dhe gjuha indo-evropiane. Etruskët dhe fise të tjera pellazgo-ilire, duke lëvizur në jug drejt Ballkanit, kaluan më vonë në Azinë e Vogël dhe u vendosën në bregdetin Egje.

Etruskët, si dhe fise të tjera pellazgo-ilire, duke zbritur në jug drejt Ballkanit, kaluan më vonë në Azinë e Vogël dhe u vendosën në bregdetin Egje. Atje ata themeluan shtetin e tyre, i cili luftoi kundër Egjiptit për ekspansion. Monumentet e Egjiptit ruajnë mbishkrime që përshkruajnë këto luftime, ku përfshiheshin Etruskët dhe fise të tjera pellazgo-ilire, duke përfshirë grekët. Në një periudhë të vështirë për Etruskët, kur u mundën nga Egjipti dhe pësuan një thatësi të madhe, shumë emigruan drejt perëndimit dhe vendosën në Itali, duke përfshirë Toskanën e sotme dhe më tej. Këta Etruskë, me 12 qytete kryesore, shtriheshin nga jugu në Romë deri në veri në Milano, duke kufizuar në lindje me malet Apenine dhe në perëndim me detin Tiren.

Roma, duke marrë dhe përvetësuar kulturën etruske, fuqizoi dhe më vonë pushtoi territorin e tyre, duke shkatërruar dhe djegur shumicën e pasurive të tyre, me përjashtim të vorezave. Vorezat Etruske janë monumentale dhe ndodhen ende sot, disa prej tyre ruhen në muzeumin e Firences, duke sjellë sfida në interpretim për studiuesit. Për shembull, profesori francez Zahari Majani, nëpërmjet vëllimeve të tij "Si etruskët filluan të flasin" dhe "Fundi i misterit etrusk," arriti në përfundimin se etruskët ishin ilirë, dhe mbishkrimet e vorezave u deshifruan me ndihmën e gjuhës shqipe.

11. Emri fillestar i Perëndisë dhe si evoloi më vonë

Në kohët më të lashta, kur filluan shkrimet para 8000 vjetësh, trungu i gjuhëve indo-evropiane, Hititet, konsiderohet një nga më të vjetrit.

Bibla përbën një periudhë të re, që mendohet të jetë rreth vitit 6000 para Krishtit. Megjithatë, Bibla përmban fjalë që shpjegohen përmes gjuhës mëmë, siç treguam me tre fjalët magjike: Ale luja amen, që do të thotë "as le lutju asht me ne." Megjithatë, ka edhe fjalë të tjera që po studiohen nga gjuhëtarët.

Ne do të përqendrohemi vetëm në emrin e Perëndisë, i shprehur në Bibël rreth 7000 herë si Jehova. Në periudhën e lashtë, njerëzit e përfytyronin Perëndinë si një jehonë, një zë që vinte nga larg. Emri Jehova ka kuptimin "jehona," duke treguar mbi një lidhje me kuptimin aktual të gjuhës mëmë.

Kështu, ata shihnin Perëndinë si një jehonë, një zë që vinte nga larg dhe që vajtonte si një vajtim. Me kalimin e kohës, veçanërisht në periudhën ilire, e njohur nga shkencëtarët e Zelandës së Re si periudha 7000 vjet para erës së re, fjala Jehova u përdor shpesh për të përshkruar zërin që vajton ose bën zë. Ky fenomen nisi kur grekët u ndanë nga trungu indo-evropian dhe përfaqësoheshin si një degë e vetme. Në këtë kohë, emri Jehova u zëvendësua vetëm me fjalën e parë, "Zë," dhe kjo perëndi u përfaqësua me statuja që morën emrin Zeus.

GJUHA SHQIPE, GJUHA MËMË E GJUHËVE INDOEVROPIANE

Zeusi ishte kryeperëndia mbi të gjitha perënditë e tjera, duke përfshirë Athinën, Apollonin, Poseidurin, Herën, Demetrën, etj. Statujat e perëndive të ndryshme, të punuara nga skulptorë të mëdhenj, mbijetuan kohën dhe ekzistojnë edhe sot. Këto statuja nga mermeri nuk u shfaqën vetëm në kulturën greke, por edhe tek llirët, Etruskët, Dardanët dhe fise të tjera të trungut indo-evropian, veçanërisht në Azinë e Vogël. Gjithashtu, këto perëndi u përshkruan në gjuhën latine nga romakët.

Kështu, një jehonë që vajton dhe nuk përfytyrohet si një figurë njeriu, por vetëm si një zë, evoluoi më pas për të përfaqësuar veten si kryeperëndi, duke marrë formën e njeriut. Megjithatë, në periudhën më të afërt, kjo formë ndryshoi dhe u quajt "Perëndi."

Emri Perëndi vjen nga fjalët "Pe-rën-di," që në interpretimin tonë do të thotë "rënë pe dijes" ose "pe nga rënë dija," që nënkupton një Perëndi i hershëm që nuk përfytyrohet si një fuqi i plotfuqishëm, por si një jehonë, një zë që ka ardhur rënë, dhe me kalimin e kohës ka ndjekur një rrugëtim ose ka ardhur me dijen e rënë.

12. Fiset kryesore të racës së bardhë që u zhvendosën nga veriu drejt Europës dhe si evoluan degët e gjuhës indo-evropiane

Deri sa dimë që Hitet kanë pasqyruar se gjuha e tyre ka 8000 vjet para erës së re dhe ka qenë e vendosur në Azinë e Vogël, është e kuptueshme se kjo racë njerëzore duhet të ketë zbritur në pjesën jugore të Evropës, në veçanti në Ballkan, nga ku kaluan në Anadoll para këtij periudhe.

Gjuha ilire, e njohur si pasuese e asaj hitite dhe që ka një periudhë mbi 7000 vjet para erës së re, shtrihej në të gjithë zonën e Ballkanit me emra të ndryshëm si Epiriotë, Mollosë, Dardanë, Frigë ose Brigë, Dakë, Trakë, Liburnë, Kaonë, Adrianë, etj. Pjesa e tyre kaloi edhe në gadishullin Italik, duke formuar etnitet si Etroskët, Mesapët, Japigët, etj.

Në kohën kur kjo race dhe gjuha shtriheshin, gjuha mëmë ishte një gjuhë e vetme e përbashkët që shtrihej gati në të gjithë Europën qëndrore e jugore, si edhe në Azinë e Vogël. Pavarësisht emrave të ndryshëm, ata ishin të njëjtë në gjuhë dhe racë. Megjithatë, me kalimin e kohës, ata që ishin afër qytetërimit në Azinë e Vogël hynë në procesin e veçohjes nga gjuha mëmë, duke krijuar degë të saj.

GJUHA SHQIPE, GJUHA MËMË E GJUHËVE INDOEVROPIANE

Gjuha mëmë u ndoq edhe nga pjesa latine, që jetonte në ltaji nga Roma e poshtë. Gjuha greke, duke filluar mësuesin në shkolla, ndërroi rrënjët edhe në kolonitë e saj tregtare në Azinë e Vogël, Sicili, dhe lindjen e detit Mesdhe.

Pas grekëve dhe latinëve, pjesa tjetër e kësaj race, që jetonte në veri të Europës qëndrore, u quajt Keltë. Në këtë kohë, ilirët mbetën të besnikët gjuhës së tyre mëmë.

Ndryshimi dhe dallimi i gjuhëve të degëve të tjera të gjuhës mëmë, në degë të tjera të saj indo-evropiane, bëri që studiuesit grekë t'i quajnë fiset e tjera "popuj të tjerë" për shkak të ndryshimit të gjuhës dhe i quajtën "barbare". Kështu, fiset u ndanë në popuj të ndryshëm, duke patur të njëjtën racë dhe gjuhë.

Kjo e sjellë në bazë të këtij koncepti nuk ishin më fiset pellazgo-ilire dhe gjuha e tyre e përbashkët, por tani ishin popuj dhe gjuhë të ndryshme si Grekët, Latinët, Keltët dhe Ilirët.

Nga fundi i Perandorisë Romake në Evropë, filluan të dynden fise të tjera, të quajtura barbare, kryesisht fiset gjermanike në verilindje të Ballkanit, të cilat më vonë shkatërruan Perandorinë Romake. Ky fis gjermanik i fundit që emigroi nga vendi i origjinës, nga Rusia, u quajtën "Anglo-Saksonët". Ky emër është formuar nga fjalët "an-glo-saksonët" dhe ka një kuptim domethënës, konkretisht fjala e parë "an" do të thotë anës, fjala e dytë "glo" ka kuptimin gëlojnë, duke rezultuar në kuptimin që ata janë ata që gëlojnë anës. Fjala e fundit, "saksonët", ka kuptimin tonë saktë. Pra, fisin e fundit që emigroi nga vendi origjinë, nga Rusia, ata e quajtën me emrin "Anglo-Saksonët". Kjo emër i cili krijohet nga fjalët "an-glo-saksonët" ka një kuptim shumë domethënës dhe konkretisht fjala e parë "an" do të thotë anës, fjala e dytë "glo" ka kuptimin gëlojnë. Pra deri këtu kuptimi i saj është se anës gëlojnë dhe fjala e fundit që është saksonet ka kuptimin të sakti tonë. Pra ai fis i fundit që emigroi nga vendi origjinë, nga Rusia si vendi ku ata u quajtën si më të saktit tanë të atyre që kishin mbetur. Pra tani del pyetja se cilët kishin mbetur. Anglosaksonët e morrën emrin nga të mbeturit ata që në atë kohë nuk lëvizën, se ata janë si llavë, janë të shumtë, dmth. llavë në shqip, prej nga u quajtën "sllavë". Atëherë një gjë ka humbur këtu. Kuptimi i fjalës anglo-sakson e vërtetojnë edhe dy elementë të tjerë të cilët janë: anës ata shkuan dhe shkelën gjithë vendet anësore veriore të Europës dhe e dyta është të sakt ku sipas historisë ky fis ishte shumë aktiv që nga koha kur ata lëvizën e deri sot.

Pra, ne bëmë një tabelë të fisve ilire, greke, latine, kelte, anglo-saksonët dhe gjermanikët, dhe të fisit të fundit të fisit sllav. Tani do të shpjegojmë se si disa nga këta fise u degëzuan në gjuhë të ndryshme nga gjuha mëmë, nga gjuha indo-evropiane, duke mbetur degë të saj. Ne do të shpjegojmë vetëm ndryshimin e gjuhës së grekëve, të latinëve, dhe të keltëve, të cilët kishin zbritur gati në të njëjtën kohë dhe bashkëjetonin me ilirët. Ndërsa për ata që erdhën më vonë në kohët historike si gjermanikët dhe sllavët, nuk dimë se si u bë degëzimi i tyre. Sipas Robert D'Angelit, gjuha greke ka lindur në disa rrethana, siç është shpjeguar në librin e tij "Enigma".

Në kushtet e një pushtimi të Greqisë nga ana e Egjiptit, elita greke, në bashkëpunim me pushtuesin, hapën shkolla dhe filluan të mësojnë gjuhën e re, gjuhën greke. Që në atë kohë, Greqia u quajt "Elas" ose "Helade", që në kuptimin e gjuhës mëmë del fare qartë kuptimi "Elas", që do të thotë "e lashë gjuhën time". Po atë kuptim ka edhe emri i shtetit Heladë, ku do të thotë se "hela" ose "Helenë" ka po ashtu të njëjtin kuptim helen. E njëjta gjë ndodh edhe me latinët, të cilët duke dashur të dallohen nga pjesa e shumicës, të popullit të tyre, bënë të njëjtën gjë duke u degëzuar. Kjo e shkaktoi ndarjen e tyre në popuj të ndryshëm që më vonë arritën të quhen edhe si raca të ndryshme. Kështu, emri latin nuk u mburr si ai grek, që e shpalli vetë ndarjen duke thënë "e lashë gjuhën time", por emrin latin ja vunë pjesa tjetër, që i mbeti besnik gjuhës mëmë dhe ata që u degëzuan i quajtën latinë, domethënë se ata lanë gjuhën e tyre, të tinë. "La-tinë", pra "la të tinë".

Përsa i përket fisit dhe gjuhës kelte, ndodhi i njëjti proces. Edhe ata duke dashur të bëhen të vecantë, bënë të njëjtën gjë duke u degëzuar. Ky degëzim ishte në kontinentin europian dhe largoheshin nga gjuha mëmë. Fjala dhe emri "Keltë" ka po atë kuptim, se "ju keltë" i thanë ata që i qëndruan besnik gjuhës mëmë, se "kë latë" gjuhën tuaj. Pra, emri "Keltë" bëhet nga fjalët "Ke-ltë", duke treguar se ata që i mbetën besnikë gjuhës mëmë, quheshin "kë latë".

Dihet se më vonë keltët që jetonin në veri të lirisë në pjesën danubiane, më vonë kaluan drejt Francës, duke përqendruar në Britani dhe në Irlandë.

13. Legjenda dhe historia e Jezu Krishtit sipas gjuhës mëmë

Në këtë kapitull, përmes gjuhës mëmë të trungut gjuhësor indo-evropian, ne do të mundësojmë shpjegimin e legjendës së Jezu Krishtit. Krishti, ashtu si të gjithë profetët e tjerë të feve monoteiste, ishte një progres i kohës, duke kaluar popullin e tij palestinez nga fetë politeiste në një të vetme, në një fe monoteiste.

Sikurse profetët e parë të budizmit, një ish-princ indian që më vonë la fronin dhe u dedikua një feje monoteiste, e cila mori emrin budist.

Moisiu, i cili udhëhoqi popullin e tij nga robëria egjiptiane drejt tokës së premtuar nga Mesia (Perëndia e Izraelit), shpëtoi ata nga robëria dhe i vendosi në Palestinë rreth shekullit të 15-të para erës së re. Ai gjithashtu ishte një profet monoteist që predikonte se do të vinte një Zot për të sistemuar padrejtësitë.

Muhameti, në shekullin e 7-të para erës së re, gjithashtu ishte një profet monoteist që predikoi një fe të re, duke larguar popullin e tij nga influenca e feve politeiste primitive. Me intelektin e tij të veçantë dhe studimin e feve të mëparshme, ai predikoi një fe monoteiste që mori emrin e tij. Megjithatë, edhe Muhameti ishte një profet, si dhe të parët e tij.

GJUHA SHQIPE, GJUHA MËMË E GJUHËVE INDOEVROPIANE

Nga sa është thënë më sipër, duket se edhe Jezu Krishti ishte një profet. Para se të shpjegojmë legjendën, do të përshkruajmë pak histori.

Palestina, më parë se 3000 vjet para erës së re, u pushtua nga pellazgët, nga të cilët mori emrin Palestinë. Megjithatë, kishte edhe popullatë të tjera në këtë territor. Në shekullin e 15-të, udhëhequr nga Moisiu, cifutët e arratisur nga Egjipti vinin në tokën e premtuar nga Perëndia, sipas Moisiut. Oborri perandorak i faraonëve ishte nga fisi etrusk-ilir, dhe emri Josif nuk ishte as grek, as çifut, as egjiptian, por ishte një emër ilir. Ky fakt tregon se çifutët e Egjiptit kuptonin gjuhën e administratorëve dhe ishin të interesuar të qëndronin në Palestinë, ku ata vërejtën se ata ishin ata që administronin Egjiptin.

Në veprat e Fan Nolit përshkruhet një dramë e titulluar "Izraelitët dhe Filistinë", ku filistinët ishin palestinezët, kur çifutët u përpjekën t'i kthejnë ata në fenë e tyre monoteiste. Megjithatë, filistinët nuk u bindën nga përpjekjet e tyre, duke preferuar jetën e tyre politeiste mbi besimet.

Bashkëjetonin dy popujt, palestinezët dhe izraelitët, por për të shpjeguar legjendën, duhet të sqarojmë edhe filozofinë e kohës mbi perënditë.

Në kohë shumë të lashta, ilirët dhe më vonë grekët specifikuan perënditë sipas rolit që ato luajnë, me kryeperëndinë Zeusi. Kjo filozofi u përhap në Greqi, Azinë e Vogël dhe në Romë, dhe ishin dy faktorë që sollën në jetë fenë e krishterë: filozofia e kohës dhe profecia e fesë çifutë që thoshte se Mësia do të vijë një ditë.

Bibla tregon se Josifi ishte një burrë i moshuar, marangoz, që jetonte në një barakë bashkë me Marian, një vajzë të re dhe të bukur. Një ditë, kur njerëzit e mëhallës panë se Maria ishte me barrë, filluan ta ngacmonin dhe ta pyesnin me kë kishte. Maria, duke u mbështetur në filozofinë e kohës, iu përgjigj se ishte mbetur shtatzënë me frymën e shenjtë të Perëndisë. Megjithatë, ngjelkat filluan të qeshin dhe ta quajtën të çmendur ose Marinë.

Sipas zakonit, vajzat e reja shtatzëna shkonin në një qytet tjetër për të lindur, dhe kështu ndodhi edhe me Marinë, e cila u largua nga Nazareti për në Betlehem, vendlindja ku lindi djali i saj, Jezu. Emri Jezu kuptohet si "djali i Josifit", emër i pagëzuar nga gratë që e ngacmonin.

Fëmijëria e Jezu Krishtit ishte kështu, por ai, si person i përsosur me karakter të fortë, i pa mundur që populli i tij të vazhdonte të ishte politeist dhe pa lidhje logjike me fene monoteiste. Ai predikoi fjalët e Maries se ishte biri i Perëndisë, mbështetur në filozofinë çifutë se Mësia do të vijë një ditë. Jezu bëri realitet këtë profeci dhe tha se ishte biri i Perëndisë.

Megjithatë, hebrenjtë nuk e pranuan këtë filozofi shpejt, duke synuar të mbajnë fenë e tyre. Jezu Krishti u kryqëzua, dhe varri i tij u hap më vonë. Emri Krisi është përdorur për të shpjeguar këtë ngjarje, e cila kuptohet si "krismë e gurëve të varrit". Ky emër mbeti Krisi ose Krishti në shqip.

Pra, emrat Josif, Mari, Jezus dhe Krisht bëjnë të mundur shpjegimin e kësaj legjende. Pretendimi se Jezui ishte çifut nuk ka mbështetje, pasi çifutët kishin fenë e tyre monoteiste, hebraike, ndërsa palestinezët ishin politeistë. Në përpjekjen për të kthyer popullin palestinez në një fe monoteiste, ky synim mund të bëhej vetëm nga një person i racës së bardhë, i gjuhës mëmë të pa-degëzuar, si shqipja, në asnjë gjuhë tjetër të kohës.

GJUHA SHQIPE, GJUHA MËMË E GJUHËVE INDOEVROPIANE

Gjuha hebraike e ka mbijetuar ndër shekuj si një gjuhë e cila nuk ka ndryshuar.

Përfundim

Çdo çështje që lidhet me vendin tim dhe gjuhën tonë të bukur, elegante dhe burrërore, po zë vendin e merituar si gjuha e parë e njeriut të racës së bardhë, si nëna e gjuhëve të folura indo-evropiane.

Sigurisht, është bërë shumë punë dhe mund për të arritur në këtë përfundim, filluar nga dijetarë të huaj, veçanërisht gjermano-austriakë, dhe pastaj duke pasuruar nga të huaj të tjerë dhe vendasit, duke arritur deri atje që sot dijetarë amerikanë dhe francezë e quajnë dhe e emërojnë gjuhën tonë, gjuhën shqipe, si gjuhën mëmë.

Nuk kanë qënë vetëm veprat e dijetarëve që na kanë dhënë burimin, por edhe artikuj të ndryshëm të revistave dhe gazetave të ndryshme, të cilat i kam studiuar me shumë vëmendje.

Megjithëse një pjesë e tyre janë trajtuar edhe nga profesor Spiro Konda, profesor Zahari Mejami dhe Preloci, shumica, dhe sidomos kapitulli i parë dhe kapitulli i fundit, janë plotësisht të autorit vetë.

Emrat dhe fjalët e ndryshme që janë zbërthyer në kuptimin e sotëm të gjuhës shqipe janë të qarta, të kuptueshme dhe me një kuptim të thellë të fjalës. Sigurisht, ato janë fjalë mijëra vjeçare, arkaike, njëlloj si fjalët që belbëzon fëmija, jo të plota por të shkurtra dhe pa renditje gramatikore. Në shumë raste, emrat dhe fjalët janë shprehur në dialektin gegërisht.

GJUHA SHQIPE, GJUHA MËMË E GJUHËVE INDOEVROPIANE